# Komm, mein Pferdchen

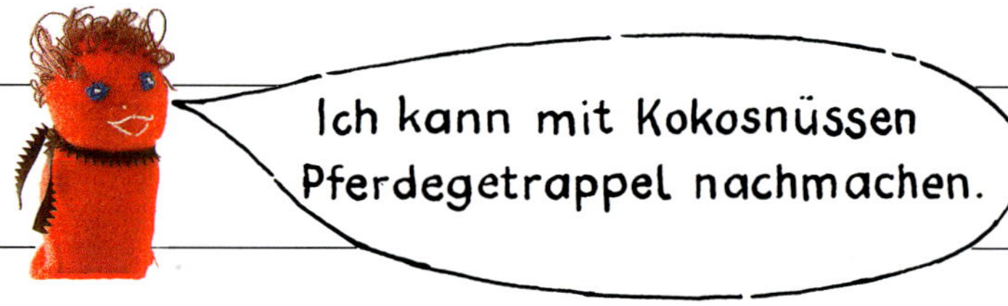

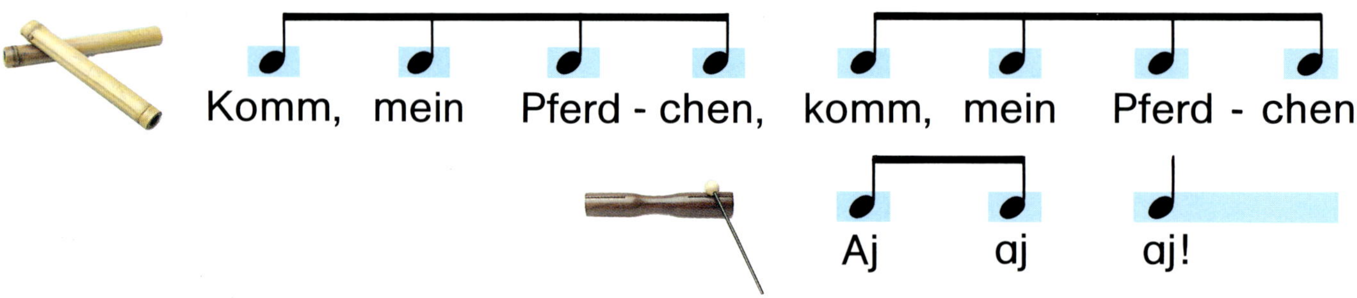


*Textfassung: Ortfried Pörsel, Melodie: volkstümlich aus Jugoslawien, © Fidula*

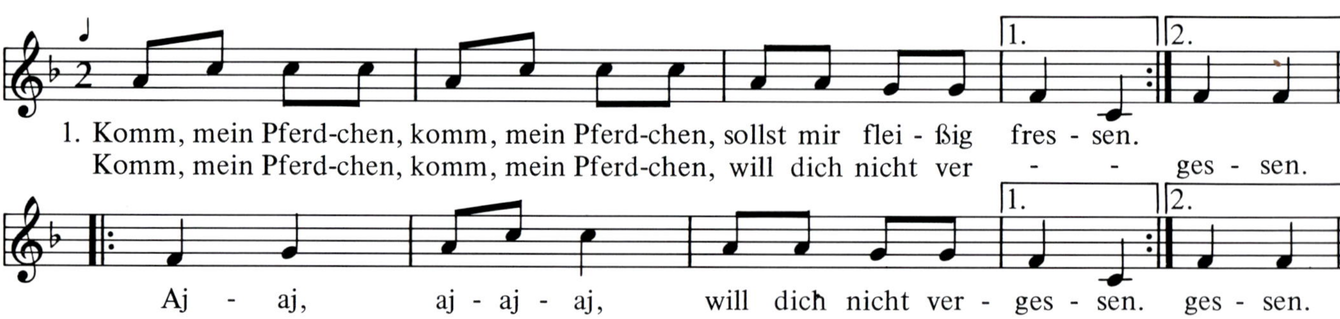


2. Will dich holen, will dich holen von der grünen Weide.
   Will dich holen, will dich holen, reiten woll'n wir beide.
   |: Ajaj, ajajaj, reiten woll'n wir beide. :|

3. Hei, dann geht es, hei, dann geht es über alle Brücken.
   Und ich reite, und ich reite hoch auf deinem Rücken.
   |: Ajaj, ajajaj, hoch auf deinem Rücken. :|

komm, mein Pferdchen

Lauf, mein Pferd - chen, lauf mein Pferd - chen!

Hü, hott!

*Textfassung: Anneliese Schmolke, Melodie: aus Litauen, © Möseler*

2. Auf dich wartet süßer Hafer, auf mich wartet 's Mütterlein.
Tralala, tralala, auf mich wartet 's Mütterlein.

# Der Herbstwind

Was der Wind mit seiner Stimme alles kann!

1. Wind, Wind, blase! Im Felde sitzt ein Hase.
   Er frißt den schönen fetten Kohl! Wer jagt das kleine Häschen wohl?
   Wind, Wind, blase! …
2. Wind, Wind brause! Die Maus sitzt hinterm Hause.
   Sie blinzelt da aus ihrem Loch. Die böse Katze fängt sie doch.
   Wind, Wind, brause! …
3. Wind, Wind, heule! Im Dach wohnt eine Eule.
   Die ärgert sich den ganzen Tag, daß sie kein Mensch mehr leiden mag.
   Wind, Wind, heule! …

Wind Wind

Häschen jagen, Häschen jagen,

*Text: Gustav Sichelschmidt,*
*Melodie: Richard R. Klein,*
*© Fidula*

Lied vom Herbstwind singen und begleiten
Bildgeschichte vom Wind verklanglichen

Wind hui Wind sch

# Erntedank

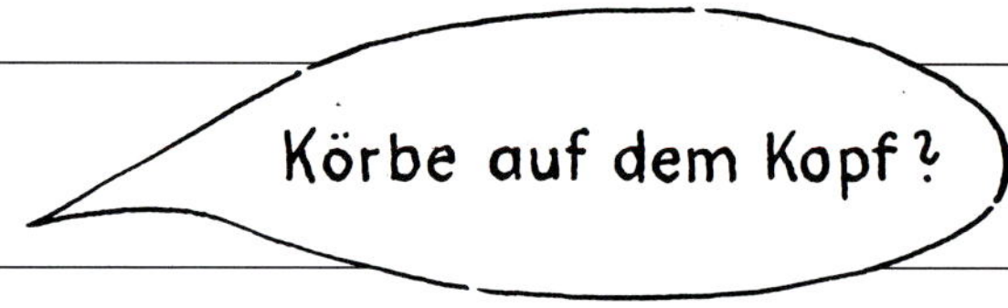


Alle guten
Gaben

Brot und Äpfel
Kirschen

Birnen, Pflaumen
Trauben

Wind und Sonne
Regen

Luft und Wasser
Nebel

*Text und Melodie: volkstümlich,*
*Fassung: © Klett*

*Text: Matthias Claudius, Melodie: volkstümlich*

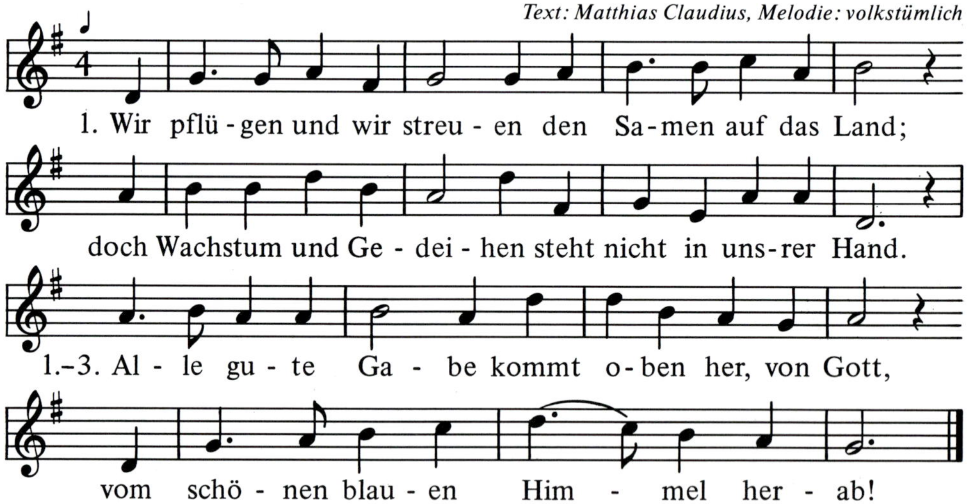

2. Der sendet Tau und Regen
und Sonn- und Mondenschein,
der wickelt Gottes Segen
gar zart und künstlich ein.

3. Und bringt ihn dann behende
in unser Feld und Brot;
es geht durch unsre Hände,
kommt aber her von Gott.

| | |
|---|---|
| Lieder zum Erntedank singen und begleiten<br>Tanz mit dem Erntekorb | Gu - te Ga - ben |

# Im Nebel

Ich mache mit Instrumenten "Nebel".

Ich mache "Sonnenschein".

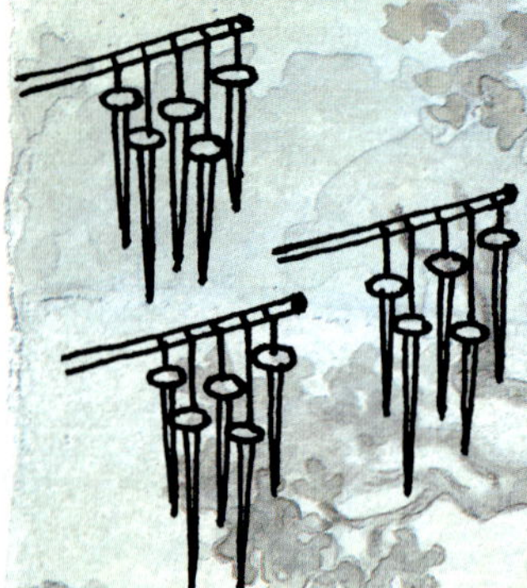

Ein Tal voll und ein Land voll

Neeebel

Ne - bel Ne - bel

und am End ist's keine Hand voll goldne Sonne

Text: A. Blume, Melodie: Walther Pudelko, © Bärenreiter

# Ei, so tanzt der…

Ich dreh mich bei C, und du?

A

B

. . . mit der Hand

B . . . mit dem Fuß . . . mit dem Finger . . . mit dem Ellenbogen . . . mit dem Knie

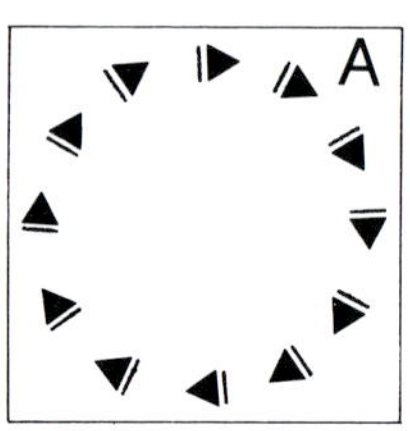


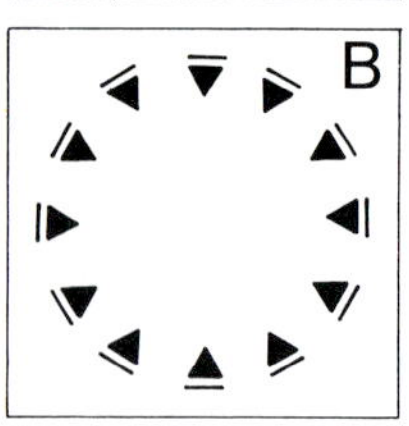


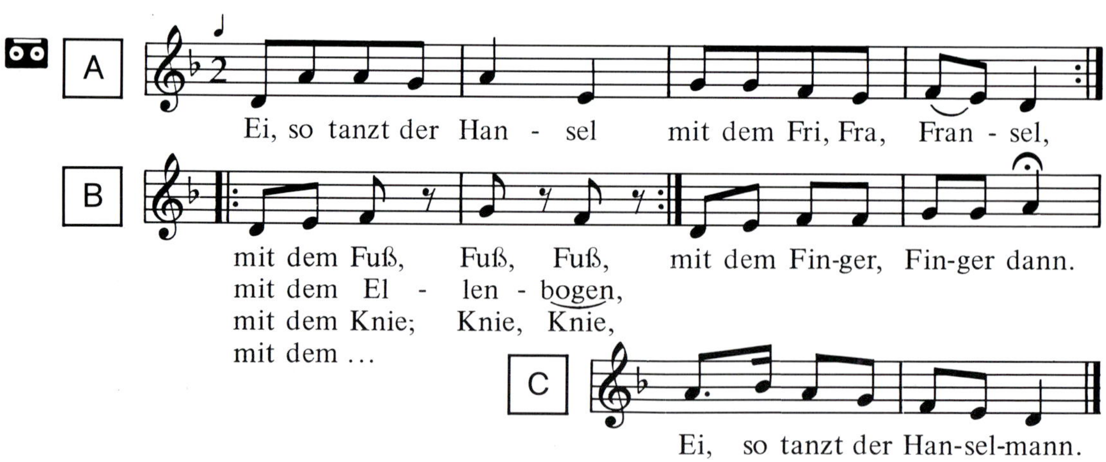


*Textfassung: Else Lorenz-Nebelung, Melodie: aus Frankreich,* 

Tänze im Kreis
Tanzformen zur Musik aus Fotos und Zeichen ablesen

im Kreis:  zu zweit: ▶◀

A

B

$B_1$

$B_2$

$B_3$

$B_4$

A / B

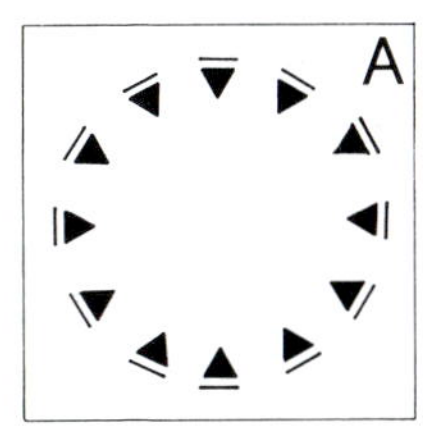


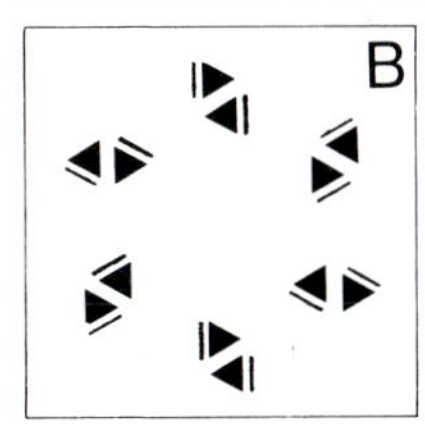


*Textfassung: José Posada, Melodie: aus Brasilien, © Fidula*

# Wenn ich schlafen geh

Ich höre beim Einschlafen gerne Musik.

Ich mache Musik zur Trauminsel ...

*Aus „Stücke für Kinder – Wiegenlied“ von Alfredo Casella*

Schlaf, mein Kindchen . . .

Morgen kommt ein neuer Tag . . .

Schlaf, mein Kindchen . . . schlaf.

*Text: Volker Ludwig, Melodie: Birger Heymann, © Autoren (gekürzte Fassung)*

Zu einem Musikstück von Alfredo Casella
sich bewegen und träumen – Trauminseln
mit Klang füllen – Lieder zum Einschlafen singen

## Schlaf mein Kind - chen

Leiser noch als leise
zieht die Nacht herauf.
Träume gehen auf die Reise,
Weltraumschiffe drehen Kreise,
und der Mond nimmt seinen Lauf,
leiser noch als leise.

*Hans Stempel und Ulrike Enders, © Ellermann*

*Text und Melodie: volkstümlich*

2. Es weinen viel Augen wohl jegliche Nacht,
   bis morgens die Sonne erwacht.
3. Es wandern viel Sterne am Himmelsrund,
   wer sagt ihnen Fahrweg und Stund?
4. Daß Gott uns behüt, bis die Nacht vergeht,
   kommt, singet das Abendgebet!

# Wir sagen euch an

Wo kommt Martins Lichterschiff wohl an?

**Vorspiel:**

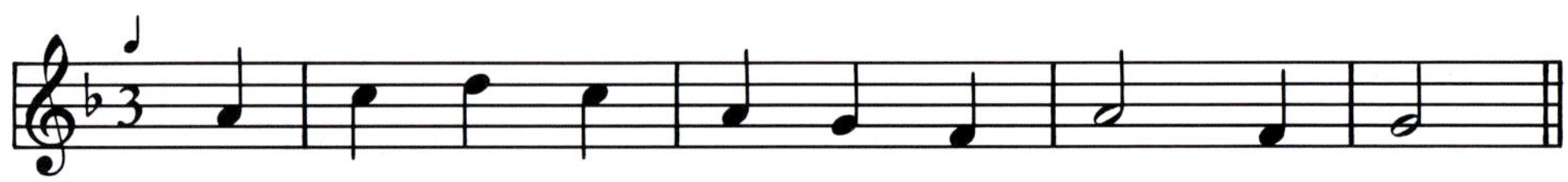

1. Wir sa - gen euch an den lie-ben Ad - vent. Se-het, die er - ste Ker - ze brennt!
Wir sa - gen euch an eine hei - li - ge Zeit. Ma-chet dem Herrn den Weg be - reit!

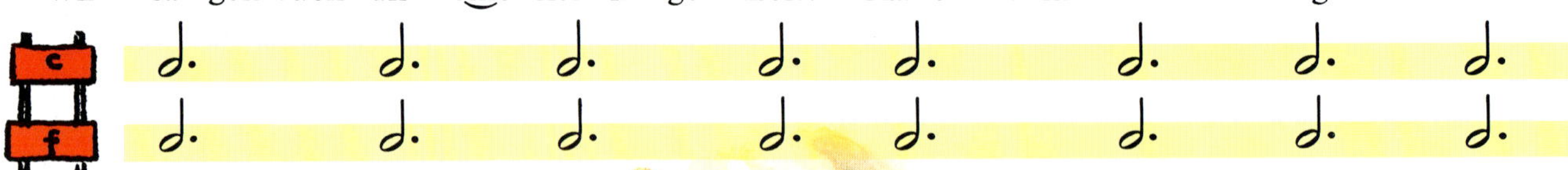


2. Wir sagen euch an den lieben Advent.
Sehet, …
So nehmet euch eins um das andere an,
wie auch der Herr an uns getan.

3. Wir sagen euch an den lieben Advent.
Sehet, …
Nun tragt eurer Güte hellen Schein
weit in die dunkle Welt hinein.

4. Wir sagen euch an den lieben Advent.
Sehet, …
Gott selber wird kommen, er zögert nicht.
Auf, auf, ihr Herzen, werdet licht!

1.–4. Freut euch ihr Chri-sten, freuet euch sehr! Schon ist na-he der Herr.

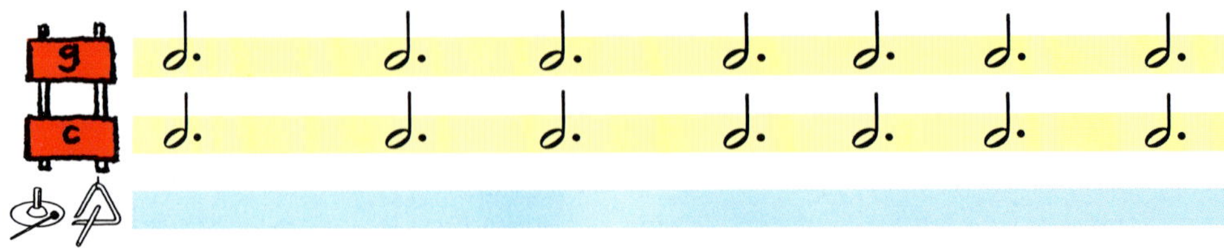


*Text: Maria Ferschl,*
*Melodie: Richard R. Klein,*

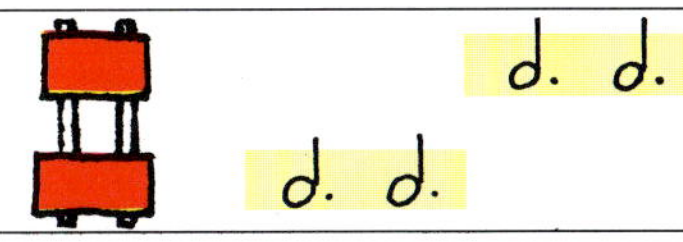

**Vorspiel:** (sprechen)

## Am Weihnachtstag, am Weihnachtstag.

2. Und was war drin in den Schiffen drei'n,
am Weihnachtstag, am Weihnachtstag.
Und was war drin in den Schiffen drei'n,
am Weihnachtstag am Morgen.

3. Unser Heiland Christ und die Mutter sein,
am Weihnachtstag, am Weihnachtstag.
Unser Heiland Christ und die Mutter sein,
am Weihnachtstag am Morgen.

4. So laßt uns alle fröhlich sein,
am Weihnachtstag, am Weihnachtstag.
So laßt uns alle fröhlich sein,
am Weihnachtstag am Morgen.

*Text: Erich Fried, Melodie: aus England, © Klett*

# Hirtenweihnacht

*Text und Melodie: volkstümlich*

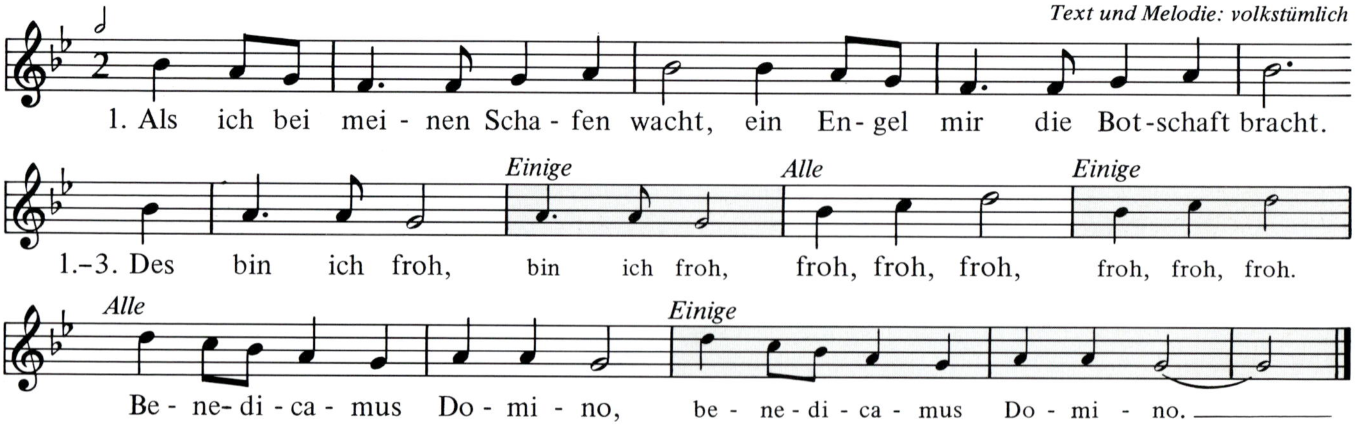


2. Er sagt, es soll geboren sein
zu Bethlehem ein Kindelein.

3. Er sagt, das Kind läg da im Stall
und soll die Welt erlösen all.

| Rufspiel und Weihnachtslied mit Echo gestalten<br>Einen Ausschnitt aus der Weihnachtsgeschichte<br>von Heinrich Schütz verfolgen | nacheinander<br>anfangen: . . .<br>. . .<br>. . . |
|---|---|

*Aus der „Weihnachtsgeschichte“ von Heinrich Schütz:*

Lasset uns nun gehen …

Lasset uns nun gehen …

Lasset uns nun gehen …

*Text und Melodie: volkstümlich*

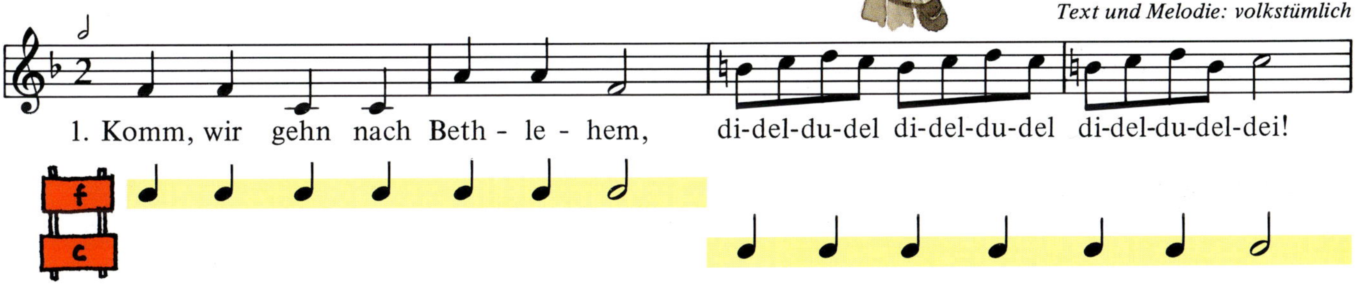

2. Hansel, blas die Flöte du, …
3. Seppl, spiel den Dudelsack, …
4. Und du, Görgel, streich die Fiedel, …
5. Christoph, laß den Baß erklingen, …

# Im Winter

Ich male, was zu "drinnen" gehört.

### Frostiges Gedicht

Als Nettchen vor dem Fenster saß,
da malte sie ins Fensterglas
den weißen, weißen Bären.
Wer will ihr das verwehren?

Und danach ging das Nettchen

zufrieden in sein Bettchen.

Am Morgen um achte, als Nettchen er- wachte
waren Fenster und Türen und die Stühle ganz weiß,
und die Uhr mit den Schnüren war ver- krustet vom Eis.

Das hat wahrscheinlich über Nacht

der weiße, weiße Bär gemacht.

*Serbisches Gedicht,*
*übersetzt von Slobodan Lazic,*
*© Bertelsmann*

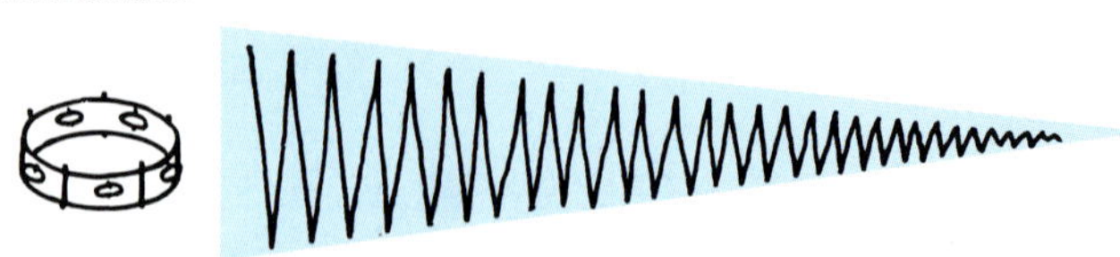

Gedicht sprechen und begleiten
Zu einem Musikstück von Antonio Vivaldi malen

*Aus den „Vier Jahreszeiten – Winter“ von Antonio Vivaldi*

draußen: Regentropfen . . .
drinnen: warm gemütlich . . .

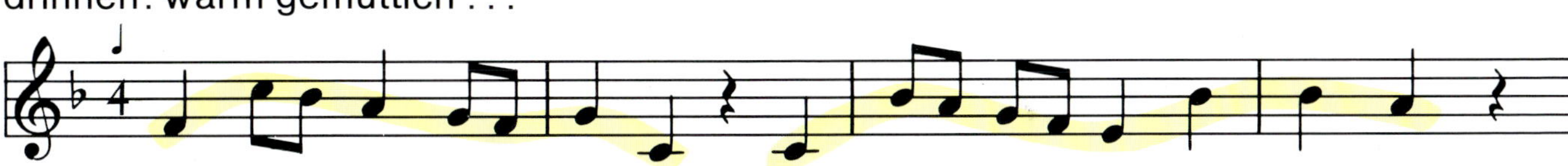

# Hereinspaziert

Und wie klingt die "Drachenmusik"?

*Aus „Karneval der Tiere – Elefanten“ von Camille Saint-Saëns*

*Aus „Tierzirkus – Affenmusik“ von Robby Schmitz*

*Aus „Musica Poetica – Paukenstück – Drachenmusik“ von Carl Orff*

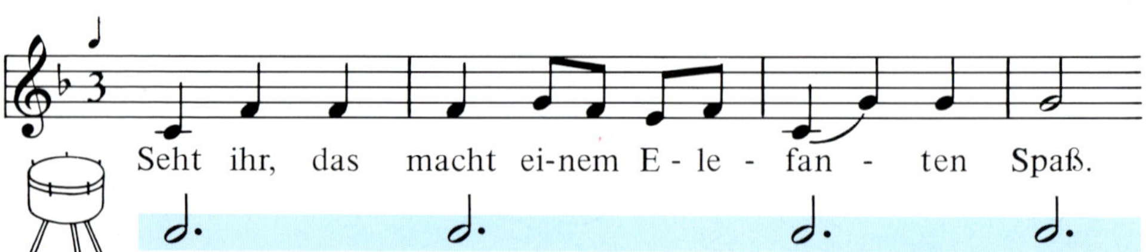


*Text: Hermann Große-Jäger,*
*Melodie: Camille Saint-Saëns,*
*© Klett*

Der Drache Knirlifax wird euch allen das Fürchten beibringen!

# Im Frühling

Wo war denn der Kuckuck im Winter?

Im Winter war es still:

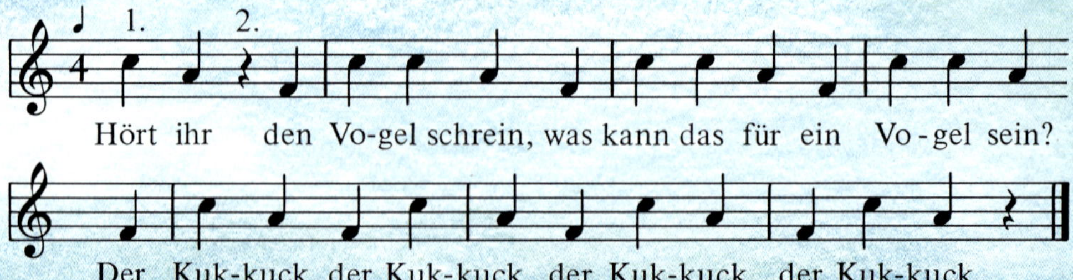


*Text und Melodie: Felicitas Kukuck,*

# Hört ihr
Hört ihr

# den Vogel schrein?
den Vogel schrein?

und im Frühling:

2. Es blühen Blümlein auf dem Feld,
sie blühen weiß, blau, rot und gelb,
es gibt nichts Schönres auf der Welt.

3. Jetzt geh ich über Berg und Tal,
da hört man schon die Nachtigall
auf grüner Heid und überall.

*Text und Melodie: volkstümlich*

# Straßenmusikanten

Ich spiele Kintribiß.

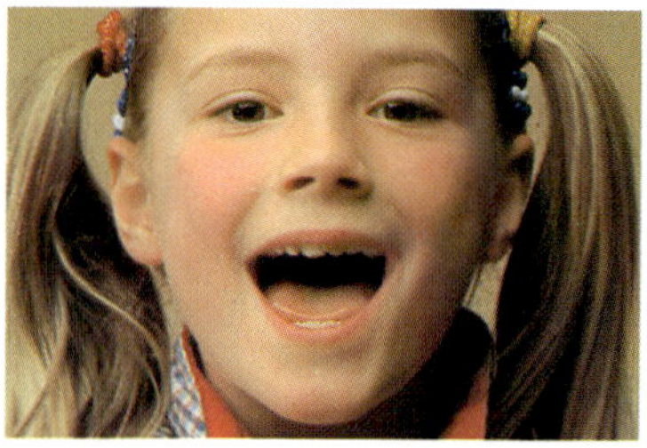

*Text und Melodie: volkstümlich*

| Straßenmusik mit Selbstbauinstrumenten<br>Spiele mit Selbstlauten<br>Straßenszene und Tonbeispiel vergleichen | a e i o u |
|---|---|

# Hoch im Turm

12 Uhr!
Da kommen sie...

**Glockenspiele:**

h a g

h
a
g

h
a
g

h
a a

a
g

h h
a
g

Turmuhrlied – Turmuhrspiel – Glockenspiel
mit drei Tönen

*Text: Peter Fuchs,*
*Melodie: aus Frankreich,* © *Klett*

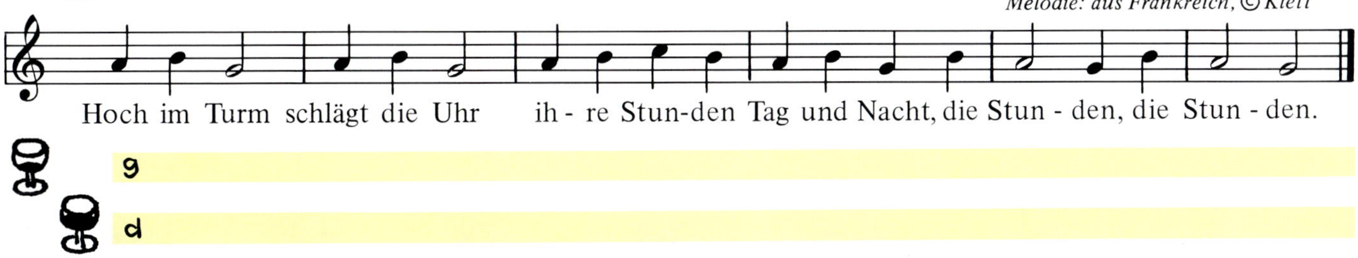

# Eisenbahn

Ich fahre im "Bummelzug".

Kehrvers

Eisenbahn, Eisenbahn,
vorwärts fährt die Eisenbahn
übers Land, übers Land,
übers weite Land.

Wagen dran, Wagen dran,
hängt noch ein paar Wagen dran.
Türen zu! Türen zu!
Türen lieber zu.

Kehrvers

Brücke kommt, Brücke kommt.
Achtung eine Brücke kommt.
Unten durch! Unten durch!
Wir fahr'n unten durch.

Kehrvers

Bummelzug, Bummelzug,
wir fahr'n mit dem Bummelzug.
Langsam geht's! Langsam geht's!
Langsam geht's voran.

Kehrvers

Kurve fahr'n, Kurve fahr'n,
ganz schräg in die Kurve fahr'n!
Kurve fahr'n! Kurve fahr'n!
Mit der Eisenbahn.

Schneller fahr'n, schneller fahr'n,
schneller fährt die Eisenbahn.
Hundertachtzig fahr'n!
Hundertachtzig fahr'n!
Mit der Eisenbahn.

Hauptbahnhof, Hauptbahnhof,
Zug fährt in den Hauptbahnhof.
Bis er steht! Bis er steht!
Bis er endlich steht.

*Text und Melodie: Hering/Meyerholz,*
*© Fidula*

*Aus „Die kleine Eisenbahn" von Heitor Villa-Lobos:*

Kehrvers und Liedmelodie

Ei-sen-bahn, Ei-sen-bahn, vor-wärts fährt die Ei-sen-bahn,

Eisenbahnspiele zu einem Lied
und zur Musik von Heitor Villa-Lobos:
Raumwege und Spielszenen

tsch tsch tsch tsch tsch tsch tsch tsch

# Blumenrondo

Ich sehe eine Margerite und...

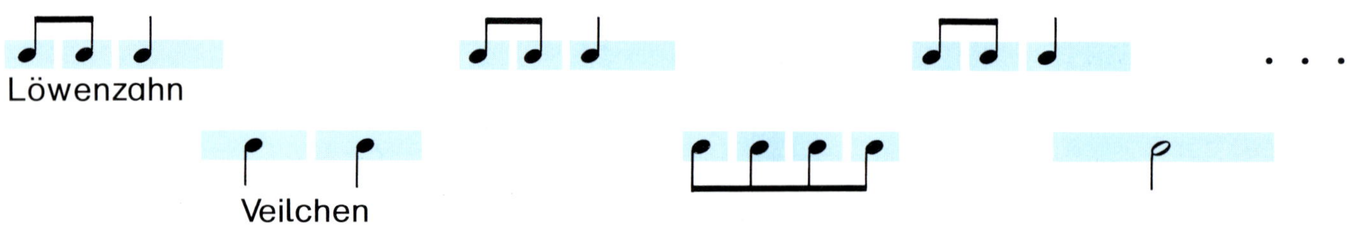

| Sprechspiel mit Blumennamen: Rondo<br>Gedicht mit A E I O U<br>Löwenzahnlied mit Klanggrund | 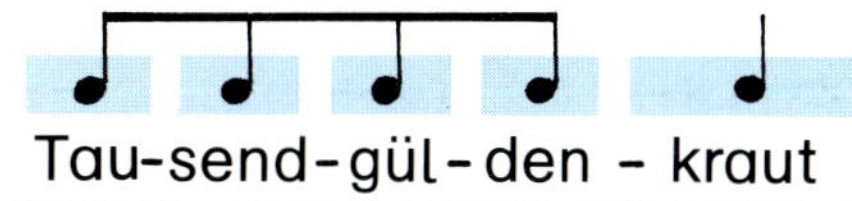 |
| --- | --- |

*Reiner Kunze, © Beltz.*

1. **Löwenzahn,** sag an, an, an,
   ob dein Zahn auch beißen kann.

2. **Fingerhut,** ach je, je, je,
   reichst der Biene bis zum Zeh.

3. **Glockenblume,** kling, kling, kling,
   Glöckner ist der Schmetterling.

4. **Mohn** im Korn, so rot, rot, rot,
   kostbar ist das liebe Brot.

5. **Butterblume** muh, muh, muh,
   morgen kommt die schwarze Kuh.

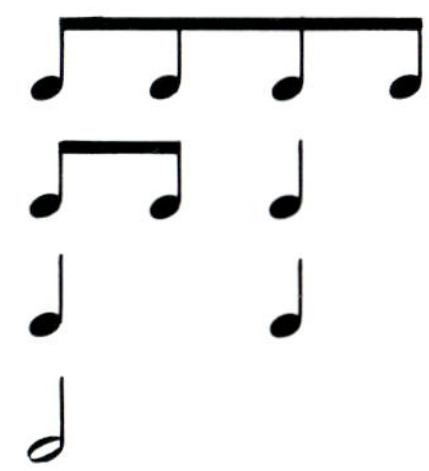

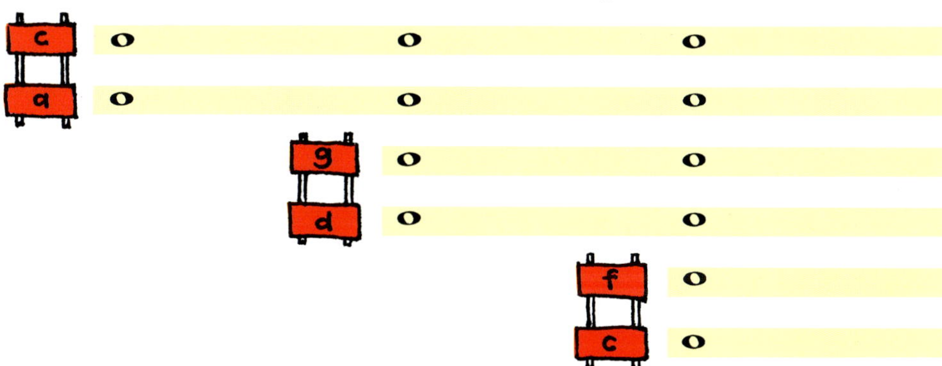

*Text: Kurt Kölsch,*
*Melodie: Heino Schubert, © Klett*

# Verwandlungsgeschichte

Aus der Wolke wird eine Riesenrübe.

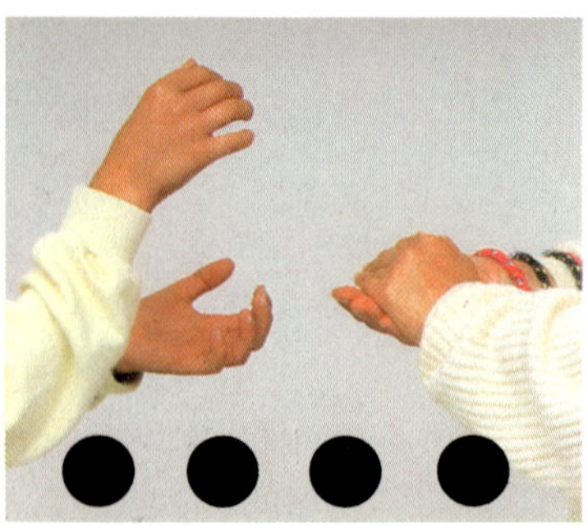

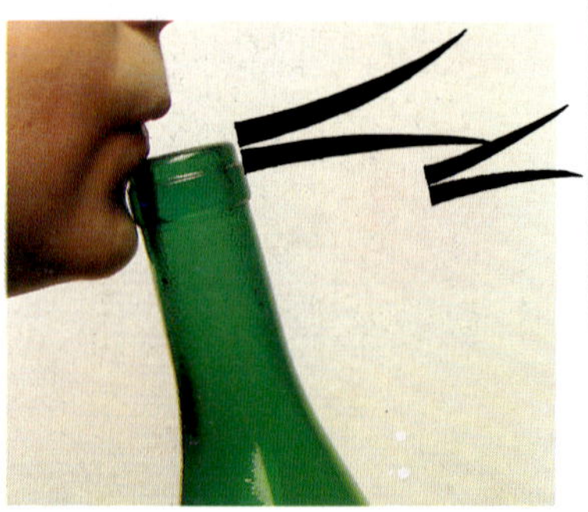

Bildgeschichte zur Klangverwandlung

Ball:

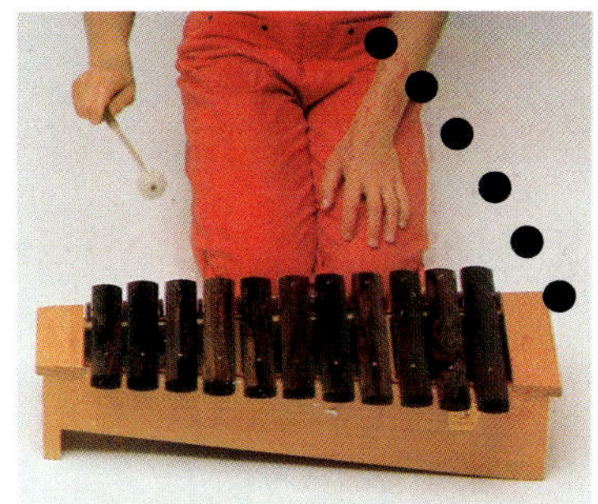

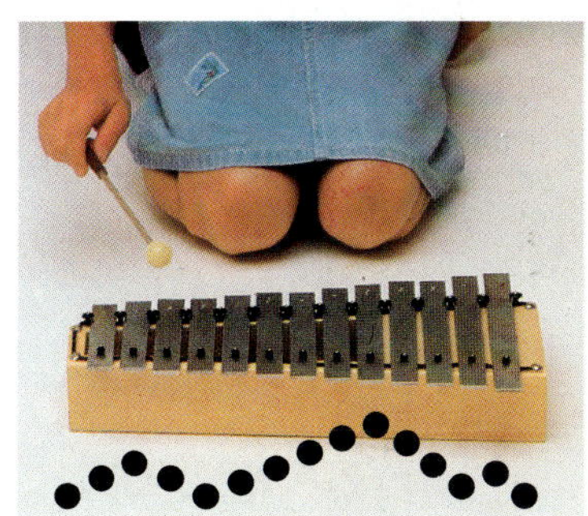

# Die Vogelhochzeit

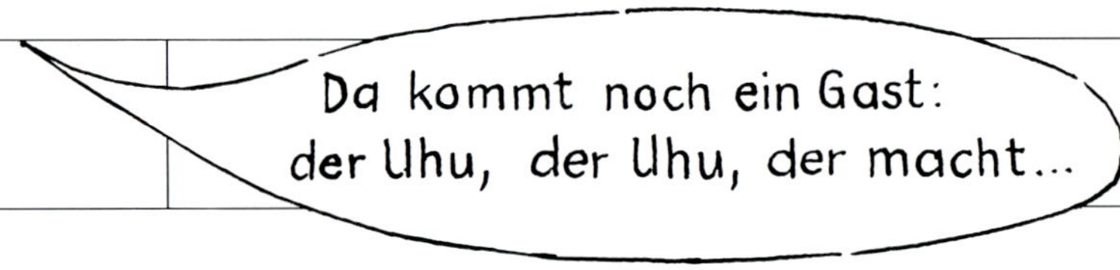


**1** Begrüßung:

**2** Hochzeitszug:

1. Die Vögel wollten Hochzeit halten in dem grünen Walde. Fiderallala ...
2. Die Drossel war der Bräutigam, die Amsel war die Braute.
3. Die Lerche, die Lerche, die führt die Braut zur Kerche.
4. Der Auerhahn, der Auerhahn, der ist der würd'ge Herr Kaplan.

**3** Hochzeitsmahl:

5. Der Spatz, der kocht das Hochzeitsmahl, verzehrt die schönsten Bissen all.
6. Die Schnepfe, die Schnepfe, setzt auf den Tisch die Näpfe.
7. Die Finken, die Finken, die geben der Braut zu trinken.

*Text und Melodie: volkstümlich*

Vogelstimmenkonzert
Lied von der Vogelhochzeit als Schattenspiel

huit! huit!

8. Die Gänse und die Anten, das sind die Musikanten.
9. Der Pfau mit seinem bunten Schwanz, der führt die Braut zum ersten Tanz.

**4 Hochzeitstanz:**

10. Brautmutter war die Eule, nimmt Abschied mit Geheule.
11. Frau Kratzefuß, Frau Kratzefuß gibt allen einen Abschiedskuß.
12. Der Hahn, der krähet „Gute Nacht", dann wird die Türe zugemacht.
13. Nun ist die Vogelhochzeit aus, und alle ziehn vergnügt nach Haus.

**5 Abschied:**

Tanzmelodie (auch Begleitung zum Lied)

*Tanzmelodie und Begleitstimme: Willi Gundlach, © Klett*

# Maschinenmusik

Bei *einer* Maschine dampft es immer wieder.

ra-ta-pan-ta-pf>| ra-ta-pan-ta-pf>| ra-ta-

blommm

blammm

blummm

pan-ta-pf>|

ra ta ta ta ta ta

tschiku-pinka tschiku-pinka tschiiii tschiku pinka tschiku-pinka tschiiii

tschiiii ku ku

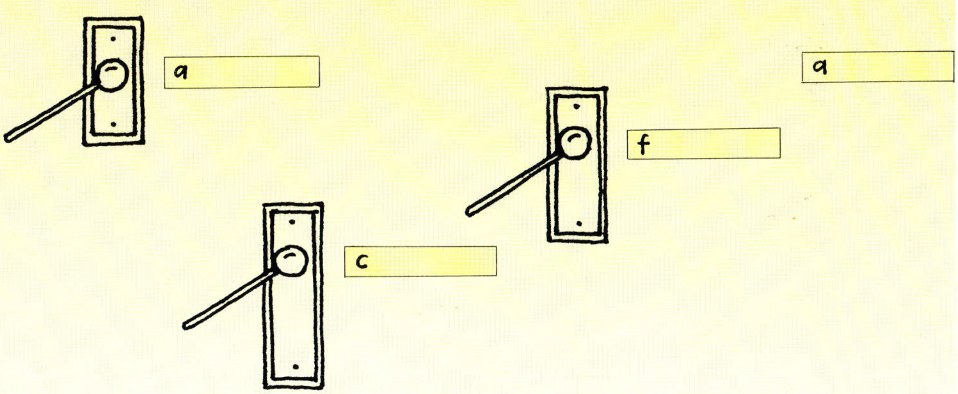


blum

# Musikanten kommen

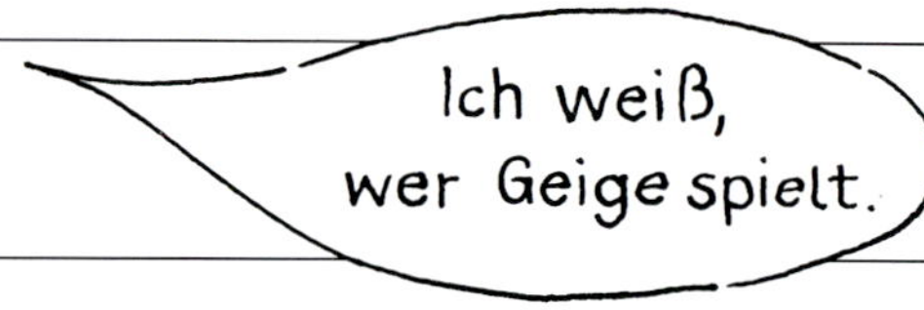

... mit der kleinen,
hellen Flöte ...
... mit der tiefen Posaune ...
... mit der dicken,
dunklen Pauke ...

A: Begrüßung der Musikanten

*Text und Melodie: volkstümlich*

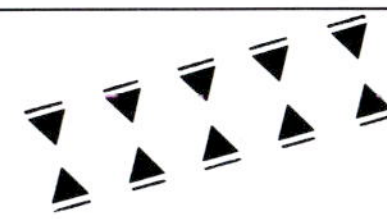

lange Gasse

## B: Tanz zu zweit (zur Musik vom Tonträger oder zum Lied)

1. Trat ich heute vor die Türe, sapperlot, was sah ich da?
   Tanzte da die Gans Agathe mit dem Truthahn Chachacha.
   Und die Hühner und die Tauben machten „meck“ und schrien „muh“,
   und das Pferd mit seinen Hufen klapperte den Takt dazu.
   Trat ich heute vor die Türe ...

2. Max, der Esel und die Schweine tanzten sehr vergnügt zu dritt.
   Selbst die dicke Kuh Babette wiegte sich im Walzerschritt.
   Mieze bellte, Karo schnurrte, und die Ziege auf dem Mist
   krähte sich die Kehle heiser, weil doch heute Fastnacht ist.
   Trat ich heute vor die Türe ...

*Text: Christel Süssmann,*
*Melodie: Heinz Lemmermann,* © *Fidula*

# Die Ferien sind da

Wer rückwärts liest, bekommt heraus, wohin ich fahre: nach Nilreb.

Tra - ri - ra die Fe - ri - en sind da! Wo hin wollt ihr denn fah - ren?

| | |
|---|---|
| nach Paris . . . | 11[15] |
| nach Amsterdam . . . | 11[20] |
| nach Köln . . . | 11[30] |
| in den Zoo . . . | ja wann? |
| nach Norderney . . . | 11[40] |

**Einsteigen, Türen schließen!**
**Vorsicht bei der Abfahrt!**

**tschuba tschuba tschuba tschuba**

tschuba tschuba tschuba tschuba tschuba tschuba tschuba

tschuba
tschuba
tschuba

2. Immer schneller fährt der Zug aus dem Bahnhof durch die Lande: ...
3. Steiget ein und fahret mit, unser D-Zug fährt nach --: ...
4. Wir sind da und steigen aus, unser Zug hält Bahnsteig sieben: ...

*Textfassung, Peter Fuchs,*
*Melodie: aus Venezuela,*
*©Klett*

Ausrufer auf dem Bahnsteig: Sprechspiel
Abfahrt in die Ferien mit Liedern

Immer schneller fährt der Zug:

. . . . . . . . ........

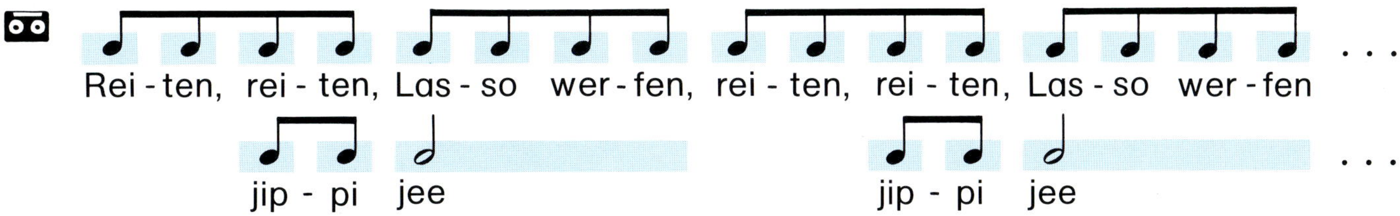

2. Er hat in Kansas eine Farm
mit hundertzwanzig Pferden.
Und wenn ich rüberkomme, dann
soll ich gleich Cowboy werden.

3. Ich kriege einen runden Hut,
ein Pony, das ich reite.
Das Lasso hängt am Sattelknauf,
der Colt an meiner Seite.

4. Und Freddy heiß ich oder Tom,
hab Sporen an den Füßen.
Und schreibt der Onkel wieder mal,
dann laß ich euch schön grüßen.

*Text: Rudolf O. Wiemer,*
*Melodie: Klaus Doldinger,*
*© Arena*

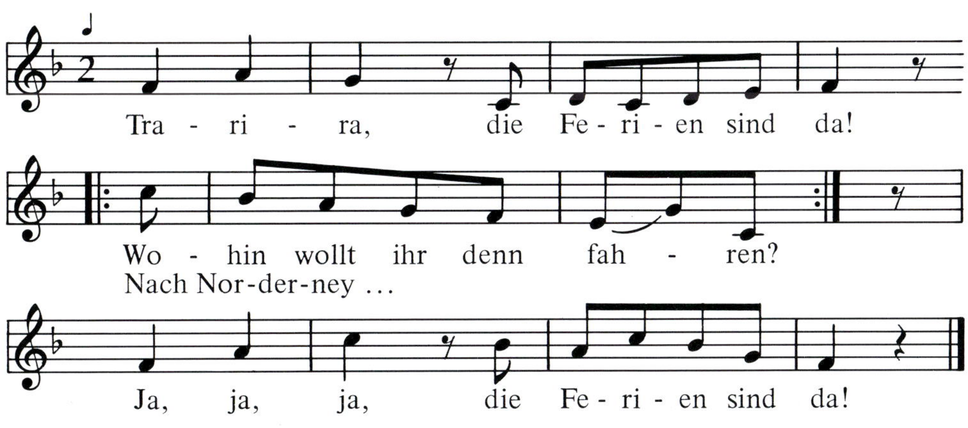


*Text und Melodie: volkstümlich,*
*Fassung: © Klett*

1. Trarira, der Sommer, der ist da!
Wir wollen in den Garten
und wolln des Sommers warten.
Ja, ja, ja, der Sommer, der ist da!

2. Trarira ...
Der Sommer hat gewonnen,
der Winter ist zerronnen.
Trarira ...

3. Trarira ...
Wir wollen hinter die Hecken
und wolln den Sommer wecken.
Trarira ...

# Lied-anhang

*Text: A. H. Hoffmann von Fallersleben,*
*Melodie: volkstümlich*

2. Wie sie alle lustig sind,
flink und froh sich regen!
Amsel, Drossel, Fink und Star
und die ganze Vogelschar
wünschen uns ein frohes Jahr,
lauter Heil und Segen.

3. Was sie uns verkünden nun,
nehmen wir zu Herzen:
Wir auch wollen lustig sein,
lustig wie die Vögelein,
hier und dort, feldaus, feldein,
singen, springen, scherzen.

*Begleitung zum Lied, zum Singen und Spielen*

*Text und Melodie: aus Südbaden*

2. Mir wen goh bettle goh, es si üs … zwei.
3. Du nimmsch der Bettelsack un i der … Korb.
4. Du stohsch vors Läderli un i vor … d'Tür.
5. Du kriegsch e Weckeli un i e … Bir.
6. Du stecksch der Speck in Sack un i der … Ank.
7. Du saisch: Vergelt is Gott! un i sag … Dank.

*Text- und Melodiefassung: Peter Fuchs*


2. Auf Macdonalds Bauernhof, heia heia ho,
laufen ein paar Enten rum, heia heia ho.
Es macht quak-quak hier …

3. …, stehen ein paar Kühe rum, …,
Es macht muh-muh hier …

4. …, laufen ein paar Schweine rum, …,
Es macht rrr-rrr hier …

*Text: nach Paula Dehmel,*
*Melodie: Adolf Lohmann,* 

2. Der Bäcker, der backt weiße Wecken, wi- wa- weiße Wecken,
(𝄾) braunes Brot und Streuselschnecken, Stri- Stra- Streuselschnecken.
Weiße Wecken – Streuselschnecken –
Mühlenhaus – Mehl heraus:
So sieht unsre Wirtschaft aus.

3. Der Schlachter schlacht' ein feistes Schwein, fi- fa- feistes Schwein
und pökelt Speck und Schinken ein, Schi- Scha- Schinken ein.
Feistes Schwein – Schinken ein –
weiße Wecken – Streuselschnecken –
Mühlenhaus – Mehl heraus:
So sieht unsre Wirtschaft aus.

4. Der Bauer hat 'ne bunte Kuh, bi- ba- bunte Kuh,
die gibt uns Milch und Butter dazu, Bi- Ba- Butter dazu.
Bunte Kuh – Butter dazu –
feistes Schwein – Schinken ein –
weiße Wecken – Streuselschnecken –
Mühlenhaus – Mehl heraus:
So sieht unsre Wirtschaft aus.

*Text und Melodie: volkstümlich*

| | |
|---|---|
| Wanzen | tanzen |
| Wanze | tanze |
| Wanz | tanz |
| Wan | tan |
| Wa | ta |
| W | t |

*Text und Melodie: volkstümlich*

2. „Lauf doch nicht so närrisch, spannenlanger Hans!
Ich verlier die Birnen und die Schuh noch ganz."
„Trägst ja nur die kleinen, nudeldicke Dirn,
und ich schlepp den schweren Sack mit den großen Birn'."

1. Ein E - le - fant wollt bum-meln gehn, sich die wei - te Welt an - sehn.

*Text und Melodiefassung: Ulrich Kabitz,*
*© Fidula Verlag*

2. Langsam setzt er Fuß vor Fuß,
   denn er ist kein Omnibus.
3. Bald ist er nicht mehr allein,
   alles trampelt hinterdrein.
4. Und schon singt das ganze Land,
   dieses Lied vom Elefant.

1. Rums di-del dums di-del Du-del-sack, heu-te treibn wir Scha-ber-nack;

heu - te wird Mu - sik ge-macht, ein-mal nur ist Fa - se-nacht.

*Text: Karola Wilke,*
*Melodie: Wolfgang Stumme,*
*© Möseler*

2. Rums didel dums didel Fiedelbogen,
   heute wird durchs Dorf gezogen;
   keiner soll uns Narren kennen
   und bei unsrem Namen nennen.
3. Rums didel dums didel Paukenschlag,
   ab morgen zähln wir jeden Tag,
   bis das alte Jahr verklingt
   und die neue Fasnacht bringt.

# Alphabetisches Liederverzeichnis




Quellenangaben:

S. 4, Komm, mein Pferdchen; Tf: Ortfried Pörsel, M: aus Jugoslawien; aus „Die Zugabe", Bd. 3, © Fidula Verlag, Boppard.

S. 5, Lauf, mein Pferdchen; Tf: Anneliese Schmolke, M: volkstümlich; aus „Schulwerk für Spiel-Musik-Tanz", Bd. 1, © Möseler Verlag, Wolfenbüttel.

S. 6, Wind, Wind, blase; T: Gustav Sichelschmidt, M: Richard R. Klein; aus dem Schulwerk „Kinder musizieren", Heft 7, © Fidula Verlag, Boppard.

S. 8, Alle guten Gaben; Tf+Mf: Autoren, © Klett Verlag, Stuttgart.

S. 10, Nebel; T: A. Blume, M: Walter Pudelko; aus „Musikanten, die kommen", © Bärenreiter Verlag, Kassel.

S. 12, Ei, so tanzt der Hansel; Tf: Else Lorenz-Nebelung, M: volkstümlich aus Frankreich, © Möseler Verlag, Wolfenbüttel.

S. 13, Nun stell nach hier; Tf: José Posada, M: volkstümlich aus Brasilien, © Fidula Verlag, Boppard.

S. 14, Ich hab ein Kuscheltier; T: Volker Ludwig, M: Birger Heymann; aus „Das Grips Liederbuch", © Autoren (gekürzte Fassung).

S. 16, Wir sagen euch an; T: Maria Ferschl, M: Richard R. Klein; aus „Mosaik 63", © Fidula Verlag, Boppard.

S. 17, Ich sah drei Schiffe; T: Erich Fried, M: aus England; aus „Unser Liederbuch-Schalmei", © Klett Verlag, Stuttgart.

S. 20, Frostiges Gedicht; aus Serbien, übersetzt von Slobodan Lazic; aus „Seifenblasen zu verkaufen", © Bertelsmann Verlag, München.

S. 22, Seht ihr, das macht einem Elefanten Spaß; T: Hermann Große-Jäger, M: Camille Saint-Saëns; aus „Karneval der Tiere - Elefanten", © Klett Verlag, Stuttgart.

S. 24, Hört ihr den Vogel schrein; T+M: Felicitas Kukuck; aus dem Liedblatt „Mosaik", © Fidula Verlag, Boppard.

S. 29, Hoch im Turm; Tf: Peter Fuchs, M: volkstümlich aus Frankreich; aus „Unser Musikbuch-Dudelsack", © Klett Verlag, Stuttgart.

S. 30, Eisenbahn, Eisenbahn; T+M: Hering/Meyerholz; aus „Kunterbunt", © Fidula Verlag, Boppard.

S. 33, Löwenzahn, sag an; T: Reiner Kunze, © Beltz Verlag, Weinheim.

S. 33, Löwenzahn, Löwenzahn; T: Kurt Kölsch, M: Heino Schubert; aus „Unser Liederbuch für die Grundschule" 1966, © Klett Verlag, Stuttgart.

S. 37, Die Vögel wollen Hochzeit halten; T+M: volkstümlich, Tanzmelodie und Begleitstimme: Willi Gundlach, © Klett Verlag, Stuttgart.